MW00896301

Le cahier journal
du prof des écoles

Pour l'année scolaire 2021-2022

Je m'appelle : _____

Classe de : _____

Adresse mail : _____

Ce cahier journal sert à mieux organiser votre travail. Tous les documents indispensables à la gestion de classe y sont regroupés. Outre une facilité d'organisation, cela vous permettra de gagner du temps pour préparer votre semaine, vos journées et ce, pour toute l'année.

Ainsi vous trouverez ici :

- Le calendrier scolaire sur deux pages
- L'emploi du temps de la classe
- L'organisation de l'année (vacances, jours fériés, périodes, nombre de semaines)
- Les informations sur l'école, l'IEN, la classe, les collègues
- Les anniversaires des élèves
- Les listes d'élèves
- Des grilles de suivi des apprentissages
- Les PAI
- Les suivis extérieurs
- Les rendez-vous de parents
- Le suivi des 108h
- Le matériel utilisé dans la classe
- Les poésies, chants, lectures... faits ou à faire
- Le cahier journal pour toute l'année, entièrement daté
- Des pages pour noter ce qui se dit lors des conseils de maîtres, de cycles, d'école
- Des pages pour prendre des notes pendant les animations pédagogiques
- Une page de notes
- Des pages pour coller les progressions

Sobelle

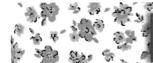

Calendrier 1er semestre

Septembre			Octobre			Novembre			Décembre			Janvier		
M	1		V	1		L	1	Toussaint	M	1		S	1	Jour de l'an
J	2		S	2		M	2		J	2		D	2	
V	3		D	3		M	3		V	3		L	3	
S	4		L	4		J	4		S	4		M	4	
D	5		M	5		V	5		D	5		M	5	
L	6		M	6		S	6		L	6		J	6	
M	7		J	7		D	7		M	7		V	7	
M	8		V	8		L	8		M	8		S	8	
J	9		S	9		M	9		J	9		D	9	
V	10		D	10		M	10		V	10		L	10	
S	11		L	11		J	11	Armistice	S	11		M	11	
D	12		M	12		V	12		D	12		M	12	
L	13		M	13		S	13		L	13		J	13	
M	14		J	14		D	14		M	14		V	14	
M	15		V	15		L	15		M	15		S	15	
J	16		S	16		M	16		J	16		D	16	
V	17		D	17		M	17		V	17		L	17	
S	18		L	18		J	18		S	18		M	18	
D	19		M	19		V	19		D	19		M	19	
L	20		M	20		S	20		L	20		J	20	
M	21		J	21		D	21		M	21		V	21	
M	22		V	22		L	22		M	22		S	22	
J	23		S	23		M	23		J	23		D	23	
V	24		D	24		M	24		V	24		L	24	
S	25		L	25		J	25		S	25	Noël	M	25	
D	26		M	26		V	26		D	26		M	26	
L	27		M	27		S	27		L	27		J	27	
M	28		J	28		D	28		M	28		V	28	
M	29		V	29		L	29		M	29		S	29	
J	30		S	30		M	30		J	30		D	30	
			D	31					V	31		L	31	

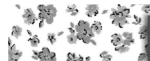

Calendrier 2ᵉᵐᵉ semestre

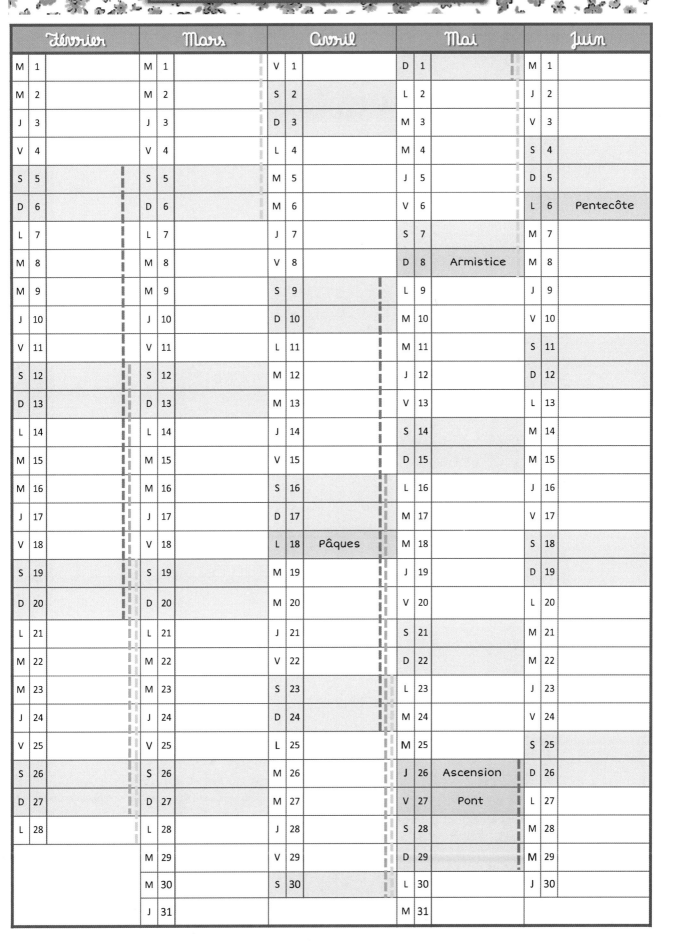

Février		Mars		Avril		Mai		Juin	
M	1	M	1	V	1	D	1	M	1
M	2	M	2	S	2	L	2	J	2
J	3	J	3	D	3	M	3	V	3
V	4	V	4	L	4	M	4	S	4
S	5	S	5	M	5	J	5	D	5
D	6	D	6	M	6	V	6	L	6 Pentecôte
L	7	L	7	J	7	S	7	M	7
M	8	M	8	V	8	D	8 Armistice	M	8
M	9	M	9	S	9	L	9	J	9
J	10	J	10	D	10	M	10	V	10
V	11	V	11	L	11	M	11	S	11
S	12	S	12	M	12	J	12	D	12
D	13	D	13	M	13	V	13	L	13
L	14	L	14	J	14	S	14	M	14
M	15	M	15	V	15	D	15	M	15
M	16	M	16	S	16	L	16	J	16
J	17	J	17	D	17	M	17	V	17
V	18	V	18	L	18 Pâques	M	18	S	18
S	19	S	19	M	19	J	19	D	19
D	20	D	20	M	20	V	20	L	20
L	21	L	21	J	21	S	21	M	21
M	22	M	22	V	22	D	22	M	22
M	23	M	23	S	23	L	23	J	23
J	24	J	24	D	24	M	24	V	24
V	25	V	25	L	25	M	25	S	25
S	26	S	26	M	26	J	26 Ascension	D	26
D	27	D	27	M	27	V	27 Pont	L	27
L	28	L	28	J	28	S	28	M	28
		M	29	V	29	D	29	M	29
		M	30	S	30	L	30	J	30
		J	31			M	31		

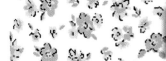

Emploi du temps

Horaires	Lundi	Mardi	Jeudi	Vendredi
Récréation				
Pause méridienne				
Récréation				

Organisation de l'année scolaire

Vacances	Du … au …
Rentrée	Enseignants -> Le Mercredi 1er septembre 2021 Élèves -> Le Jeudi 2 septembre 2021
Toussaint	Du samedi 23 octobre au lundi 8 novembre 2021
Noël	Du samedi 18 décembre 2021 au lundi 3 janvier 2022
Hiver	Zone B -> Du samedi 5 février au lundi 21 février 2022 Zone A -> Du samedi 12 février au lundi 28 février 2022 Zone C -> Du samedi 19 février au lundi 7 mars 2022
Printemps	Zone B -> Du samedi 9 avril au lundi 25 avril 2022 Zone A -> Du samedi 16 avril au lundi 2 mai 2022 Zone C -> Du samedi 23 avril au lundi 9 mai 2022
Pont de l'ascension	Du Jeudi 26 mai au lundi 30 mai 2022
Été	Fin des cours -> Le Mercredi 6 juillet 2022

Jours fériés			
1. Toussaint :	Lundi 1er novembre 2021	5. Armistice :	Dimanche 8 mai 2022
2. Armistice :	Jeudi 11 novembre 2021	6. Ascension :	Jeudi 26 mai 2022
3. Pâques :	Lundi 18 avril 2022	7. Pentecôte :	Lundi 6 juin 2022
4. Fête du travail :	Dimanche 1er mai 2022		

Périodes	Du … au …	Nombres de semaines
1	Du 1er septembre au 23 octobre 2021	Toutes les zones : 8
2	Du 8 novembre au 18 décembre 2021	Toutes les zones : 6
3	Zone B -> Du 3 janvier au 5 février 2022 Zone A -> Du 3 janvier au 12 février 2022 Zone C -> Du 3 janvier au 19 février 2022	Zone B -> 5 Zone A -> 6 Zone C -> 7
4	Zone B -> Du 21 février au 9 avril 2022 Zone A -> Du 28 février au 16 avril 2022 Zone C -> Du 7 mars au 23 avril 2022	Toutes les zones : 7
5	Zone B -> Du 25 avril au 6 juillet 2022 Zone A -> Du 2 mai au 6 juillet 2022 Zone C -> Du 9 mai au 6 juillet 2022	Zone B -> 11 Zone A -> 10 Zone C -> 9

L'école, la classe

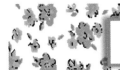

L'école

Nom : ....

Nom du directeur (trice) ....

Adresse : ....

....Tel : ....

Mail : ....

Jour de décharge du directeur (trice) ....

Horaires :

Matin : ....   Récré : ....   Midi : ....

Après-Midi : ....   Récré : ....   Fin des cours : ....

La classe

Nom de l'enseignant (e) : ....

Niveau(x) : ....

Nombre d'élèves : .... Par niveau : ....

Code photocopieur : ....

Services de récréation :

	lundi	mardi	jeudi	vendredi
Ouverture du Portail				
Récréation du matin				
Portail début d'après-midi				
Récréation de l'après-midi				

APC (activités complémentaires pédagogiques)

lundi	mardi	jeudi	vendredi

L'IEN

L'IEN

Circonscription de : ....

Nom de l'inspecteur (trice) ....

Adresse : ....

....Tel : ....

Mail : ....

Les conseillers pédagogiques :

Généraliste : .... Tel : ....

CPC : .... Tel : ....

ERUN : .... Tel : ....

Les Brigades

* Nom : ....Tel : ....

Mail : ....

* Nom : ....Tel : ....

Mail : ....

* Nom : ....Tel : ....

Mail : ....

Le psychologue scolaire :

* Nom : ....Tel : ....

Mail : ....

Le réseau

* Nom : ....Tel : ....

Mail : ....

* Nom : ....Tel : ....

Mail : ....

Les collègues

Niveau	Nom et prénom	Tel	Email

Les anniversaires

Septembre

Octobre

Novembre

Décembre

Janvier

Février

Mars

Avril

Mai

Juin

Juillet-Août

Liste d'élèves

	Nom prénom			
1				
2				
3				
4				
5				
6				
7				
8				
9				
10				
11				
12				
13				
14				
15				
16				
17				
18				
19				
20				
21				
22				
23				
24				
25				
26				
27				
28				
29				
30				

Liste d'élèves

	Nom prénom				
1					
2					
3					
4					
5					
6					
7					
8					
9					
10					
11					
12					
13					
14					
15					
16					
17					
18					
19					
20					
21					
22					
23					
24					
25					
26					
27					
28					
29					
30					

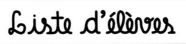

Liste d'élèves

	Nom prénom				
1					
2					
3					
4					
5					
6					
7					
8					
9					
10					
11					
12					
13					
14					
15					
16					
17					
18					
19					
20					
21					
22					
23					
24					
25					
26					
27					
28					
29					
30					

Liste d'élèves

	Nom prénom				
1					
2					
3					
4					
5					
6					
7					
8					
9					
10					
11					
12					
13					
14					
15					
16					
17					
18					
19					
20					
21					
22					
23					
24					
25					
26					
27					
28					
29					
30					

Suivi des apprentissages

Nom Prénom / Exercices, Evaluations										
1										
2										
3										
4										
5										
6										
7										
8										
9										
10										
11										
12										
13										
14										
15										
16										
17										
18										
19										
20										
21										
22										
23										
24										
25										
26										
27										
28										
29										
30										

Suivi des apprentissages

Nom Prénom / Exercices, Evaluations									
1									
2									
3									
4									
5									
6									
7									
8									
9									
10									
11									
12									
13									
14									
15									
16									
17									
18									
19									
20									
21									
22									
23									
24									
25									
26									
27									
28									
29									
30									

Suivi des apprentissages

Nom Prénom / Exercices, Evaluations									
1									
2									
3									
4									
5									
6									
7									
8									
9									
10									
11									
12									
13									
14									
15									
16									
17									
18									
19									
20									
21									
22									
23									
24									
25									
26									
27									
28									
29									
30									

Suivi des apprentissages

Nom Prénom / Exercices, Evaluations									
1									
2									
3									
4									
5									
6									
7									
8									
9									
10									
11									
12									
13									
14									
15									
16									
17									
18									
19									
20									
21									
22									
23									
24									
25									
26									
27									
28									
29									
30									

Suivi des apprentissages

Nom Prénom Exercices, Évaluations									
1									
2									
3									
4									
5									
6									
7									
8									
9									
10									
11									
12									
13									
14									
15									
16									
17									
18									
19									
20									
21									
22									
23									
24									
25									
26									
27									
28									
29									
30									

 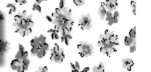

Suivi des apprentissages

Nom Prénom / Exercices, Evaluations										
1										
2										
3										
4										
5										
6										
7										
8										
9										
10										
11										
12										
13										
14										
15										
16										
17										
18										
19										
20										
21										
22										
23										
24										
25										
26										
27										
28										
29										
30										

Suivi des apprentissages

Nom Prénom / Exercices, Evaluations									
1									
2									
3									
4									
5									
6									
7									
8									
9									
10									
11									
12									
13									
14									
15									
16									
17									
18									
19									
20									
21									
22									
23									
24									
25									
26									
27									
28									
29									
30									

Suivi des apprentissages

Nom Prénom / Exercices, Evaluations									
1									
2									
3									
4									
5									
6									
7									
8									
9									
10									
11									
12									
13									
14									
15									
16									
17									
18									
19									
20									
21									
22									
23									
24									
25									
26									
27									
28									
29									
30									

Les suivis extérieurs

Nam de l'élève :			
Suivi par	Nom :	Tel :	
	Métier :	Email :	
Jours et heures			
Raison			

Nam de l'élève :			
Suivi par	Nom :	Tel :	
	Métier :	Email :	
Jours et heures			
Raison			

Nam de l'élève :			
Suivi par	Nom :	Tel :	
	Métier :	Email :	
Jours et heures			
Raison			

Nam de l'élève :			
Suivi par	Nom :	Tel :	
	Métier :	Email :	
Jours et heures			
Raison			

Les suivis extérieurs

Nom de l'élève :			
Suivi par	Nom :		Tel :
	Métier :		Email :
Jours et heures			
Raison			

Nom de l'élève :			
Suivi par	Nom :		Tel :
	Métier :		Email :
Jours et heures			
Raison			

Nom de l'élève :			
Suivi par	Nom :		Tel :
	Métier :		Email :
Jours et heures			
Raison			

Nom de l'élève :			
Suivi par	Nom :		Tel :
	Métier :		Email :
Jours et heures			
Raison			

Protocoles d'accueil individualisés

Nom de l'élève :	
Problème de santé	
Protocole mis en place	
Notes	

Nom de l'élève :	
Problème de santé	
Protocole mis en place	
Notes	

Nom de l'élève :	
Problème de santé	
Protocole mis en place	
Notes	

Nom de l'élève :	
Problème de santé	
Protocole mis en place	
Notes	

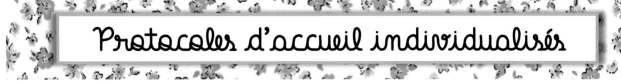

Protocoles d'accueil individualisés

Nom de l'élève :	
Problème de santé	
Protocole mis en place	
Notes	

Nom de l'élève :	
Problème de santé	
Protocole mis en place	
Notes	

Nom de l'élève :	
Problème de santé	
Protocole mis en place	
Notes	

Nom de l'élève :	
Problème de santé	
Protocole mis en place	
Notes	

Rendez-vous avec les parents

Parents de :	Date :
....	
....	
....	
....	
....	

Parents de :	Date :
....	
....	
....	
....	
....	

Parents de :	Date :
....	
....	
....	
....	
....	

Parents de :	Date :
....	
....	
....	
....	
....	

Parents de :	Date :
....	
....	
....	
....	
....	

Rendez-vous avec les parents

Parents de :	Date :

....
....
....
....
....

Parents de :	Date :

....
....
....
....
....

Parents de :	Date :

....
....
....
....
....

Parents de :	Date :

....
....
....
....
....

Parents de :	Date :

....
....
....
....
....

Rendez-vous avec les parents

Parents de :	Date :

....
....
....
....
....

Parents de :	Date :

....
....
....
....
....

Parents de :	Date :

....
....
....
....
....

Parents de :	Date :

....
....
....
....
....

Parents de :	Date :

....
....
....
....
....

Suivi des 108 heures

Conseils d'école : 6 heures

Conseil d'école 1	Date :	Heure :	Durée :
Conseil d'école 2	Date :	Heure :	Durée :
Conseil d'école 3	Date :	Heure :	Durée :

Animations pédagogiques : 18 heures

Thème	Lieu	Date	Durée

Activités pédagogiques complémentaires : 36 heures   (mettre une croix)

Temps de réunion : 48 heures

Rendez-vous avec les parents			Conseils de maîtres, cycles		

Organisation matérielle
Cahier, classeur, fichier, manuels... pour chaque matière

Etude de la langue	Maths

Productions d'écrits	Littérature

Poésie – chant	Anglais

Communication avec la famille	Arts

Autonomie	Histoire, géographie, sciences, EMC

Fait, à faire...

Poésie

....
....
....
....
....
....
....
....
....
....

Chants

....
....
....
....
....
....
....
....
....

Sport

....
....
....
....
....
....
....

Littérature

....
....
....
....
....
....
....
....

Projets

....
....
....
....
....
....
....

Sorties

....
....
....
....
....
....
....

Cahier journal

		Mercredi 1er septembre
Jeudi 2 septembre	Vendredi 3 septembre	Week-end
Lundi 6 septembre	Mardi 7 septembre	Mercredi 8 septembre
Jeudi 9 septembre	Vendredi 10 septembre	Week-end
Lundi 13 septembre	Mardi 14 septembre	Mercredi 15 septembre
Jeudi 16 septembre	Vendredi 17 septembre	Week-end
Lundi 20 septembre	Mardi 21 septembre	Mercredi 22 septembre
Jeudi 23 septembre	Vendredi 24 septembre	Week-end
Lundi 27 septembre	Mardi 28 septembre	Mercredi 29 septembre
Jeudi 30 septembre		

Jeudi 2 septembre 2021

Horaires

....
....
....
....
....
....
....
....
....

Récréation

....
....
....
....
....
....
....
....
....

Pause méridienne :

....
....
....
....
....
....
....

Récréation

....
....
....
....
....
....
....

Conseils, RDV, APC :

Notes, à préparer, à photocopier...

Devoirs

Vendredi 3 septembre 2021

Horaires

....
....
....
....
....
....
....
....
....

Notes, à préparer, à photocopier...

Récréation

....
....
....
....
....
....
....
....
....

Pause méridienne :

Devoirs

....
....
....
....
....
....
....

Récréation

....
....
....
....
....
....
....

Conseils, RDV, APC :

Lundi 6 septembre 2021

Horaires

....
....
....
....
....
....
....
....
....

Récréation

....
....
....
....
....
....
....
....
....
....

Pause méridienne :

....
....
....
....
....
....
....

Récréation

....
....
....
....
....
....
....

Conseils, RDV, APC :

Notes, à préparer, à photocopier...

Devoirs

Mardi 7 septembre 2021

Horaires

....
....
....
....
....
....
....
....
....
....

Notes, à préparer, à photocopier...

Récréation

....
....
....
....
....
....
....
....
....
....

Pause méridienne :

Devoirs

....
....
....
....
....
....
....

Récréation

....
....
....
....
....
....
....
....

Conseils, RDV, APC :

Jeudi 9 septembre 2021

Horaires

....
....
....
....
....
....
....
....
....

Notes, à préparer, à photocopier...

Récréation

....
....
....
....
....
....
....
....
....

Pause méridienne :

Devoirs

....
....
....
....
....
....
....

Récréation

....
....
....
....
....
....
....

Conseils, RDV, APC :

Vendredi 10 septembre 2021

Horaires

....
....
....
....
....
....
....
....
....

Récréation

....
....
....
....
....
....
....
....
....
....

Pause méridienne :

....
....
....
....
....
....
....

Récréation

....
....
....
....
....
....
....
....

Conseils, RDV, APC :

Notes, à préparer, à photocopier...

Devoirs

Lundi 13 septembre 2021

Horaires

....
....
....
....
....
....
....
....
....

Récréation

....
....
....
....
....
....
....
....
....
....
....

Notes, à préparer, à photocopier...

Pause méridienne :

....
....
....
....
....
....
....

Récréation

....
....
....
....
....
....
....
....

Devoirs

Conseils, RDV, APC :

Mardi 14 septembre 2021

Horaires

....
....
....
....
....
....
....
....
....

Récréation

....
....
....
....
....
....
....
....
....
....

Pause méridienne :

....
....
....
....
....
....
....

Récréation

....
....
....
....
....
....
....
....

Conseils, RDV, APC :

Notes, à préparer, à photocopier…

Devoirs

Jeudi 16 septembre 2021

Horaires

....
....
....
....
....
....
....
....
....

Notes, à préparer, à photocopier...

Récréation

....
....
....
....
....
....
....
....
....
....

Pause méridienne :

Devoirs

....
....
....
....
....
....
....
....

Récréation

....
....
....
....
....
....
....
....

Conseils, RDV, APC :

Vendredi 17 septembre 2021

Horaires

....
....
....
....
....
....
....
....
....

Notes, à préparer, à photocopier...

Récréation

....
....
....
....
....
....
....
....
....

Pause méridienne :

Devoirs

....
....
....
....
....
....
....

Récréation

....
....
....
....
....
....
....
....

Conseils, RDV, APC :

Lundi 20 septembre 2021

Horaires

....
....
....
....
....
....
....
....
....

Récréation

....
....
....
....
....
....
....
....
....

Pause méridienne :

....
....
....
....
....
....
....

Récréation

....
....
....
....
....
....
....

Notes, à préparer, à photocopier...

Devoirs

Conseils, RDV, APC :

Mardi 21 septembre 2021

Horaires

....
....
....
....
....
....
....
....
....
....

Notes, à préparer, à photocopier...

Récréation

....
....
....
....
....
....
....
....
....
....

Pause méridienne :

Devoirs

....
....
....
....
....
....
....

Récréation

....
....
....
....
....
....
....
....
....

Conseils, RDV, APC :

Jeudi 23 septembre 2021

Horaires

....
....
....
....
....
....
....
....
....

Récréation

....
....
....
....
....
....
....
....
....
....
....

Notes, à préparer, à photocopier...

Pause méridienne :

....
....
....
....
....
....
....

Récréation

....
....
....
....
....
....
....
....

Devoirs

Conseils, RDV, APC :

Vendredi 24 septembre 2021

Horaires

....
....
....
....
....
....
....
....
....

Récréation

....
....
....
....
....
....
....
....
....

Pause méridienne :

....
....
....
....
....
....
....

Récréation

....
....
....
....
....
....
....

Conseils, RDV, APC :

Notes, à préparer, à photocopier...

Devoirs

Lundi 27 septembre 2021

Horaires

....
....
....
....
....
....
....
....
....

Récréation

....
....
....
....
....
....
....
....
....
....

Pause méridienne :

....
....
....
....
....
....
....

Récréation

....
....
....
....
....
....
....

Conseils, RDV, APC :

Notes, à préparer, à photocopier...

Devoirs

Mardi 28 septembre 2021

Horaires

....
....
....
....
....
....
....
....
....

Notes, à préparer, à photocopier...

Récréation

....
....
....
....
....
....
....
....
....
....

Pause méridienne :

Devoirs

....
....
....
....
....
....
....

Récréation

....
....
....
....
....
....
....
....

Conseils, RDV, APC :

Jeudi 30 septembre 2021

Horaires

....
....
....
....
....
....
....
....
....

Récréation

....
....
....
....
....
....
....
....
....
....
....

Pause méridienne :

....
....
....
....
....
....
....
....

Récréation

....
....
....
....
....
....
....
....

Notes, à préparer, à photocopier...

Devoirs

Conseils, RDV, APC :

Cahier journal

	Vendredi 1er octobre	Week-end
Lundi 4 octobre	Mardi 5 octobre	Mercredi 6 octobre
Jeudi 7 octobre	Vendredi 8 octobre	Week-end
Lundi 11 octobre	Mardi 12 octobre	Mercredi 13 octobre
Jeudi 14 octobre	Vendredi 15 octobre	Week-end
Lundi 18 octobre	Mardi 19 octobre	Mercredi 20 octobre
Jeudi 21 octobre	Vendredi 22 octobre	Week-end (v)
Lundi 25 octobre (v)	Mardi 26 octobre (v)	Mercredi 27 octobre (v)
Jeudi 28 octobre (v)	Vendredi 29 octobre (v)	Week-end (v)

Notes

Vendredi 1er octobre 2021

Horaires

....
....
....
....
....
....
....
....
....
....

Récréation

....
....
....
....
....
....
....
....
....
....
....

Notes, à préparer, à photocopier...

Pause méridienne :

....
....
....
....
....
....
....
....

Récréation

....
....
....
....
....
....
....
....

Devoirs

Conseils, RDV, APC :

Horaires :

....
....
....
....
....
....
....
....
....
....

Notes, à préparer, à photocopier...

Récréation

....
....
....
....
....
....
....
....
....
....
....
....

Pause méridienne :

Devoirs

....
....
....
....
....
....
....

Récréation

....
....
....
....
....
....
....
....
....

Conseils, RDV, APC :

Mardi 5 octobre 2021

Horaires :

....
....
....
....
....
....
....
....
....

Récréation

....
....
....
....
....
....
....
....
....
....

Pause méridienne :

....
....
....
....
....
....
....
....

Récréation

....
....
....
....
....
....
....

Devoirs

Conseils, RDV, APC :

Jeudi 7 octobre 2021

Horaires :

....
....
....
....
....
....
....
....
....
....

Notes, à préparer, à photocopier…

Récréation

....
....
....
....
....
....
....
....
....
....
....

Pause méridienne :

Devoirs

....
....
....
....
....
....
....
....

Récréation

....
....
....
....
....
....
....
....

Conseils, RDV, APC :

Vendredi 8 octobre 2021

Horaires :

....
....
....
....
....
....
....
....
....

Récréation

....
....
....
....
....
....
....
....
....
....

Pause méridienne :

Devoirs

....
....
....
....
....
....
....

Récréation

....
....
....
....
....
....
....
....

Conseils, RDV, APC :

Lundi 11 octobre 2021

Horaires

....
....
....
....
....
....
....
....
....
....

Notes, à préparer, à photocopier...

Récréation

....
....
....
....
....
....
....
....
....
....

Pause méridienne :

Devoirs

....
....
....
....
....
....
....

Récréation

....
....
....
....
....
....
....

Conseils, RDV, APC :

Mardi 12 octobre 2021

Horaires :
....
....
....
....
....
....
....
....
....

Récréation
....
....
....
....
....
....
....
....
....
....

Notes, à préparer, à photocopier...

Pause méridienne :
....
....
....
....
....
....

Récréation
....
....
....
....
....
....
....

Devoirs

Conseils, RDV, APC :

Jeudi 14 octobre 2021

Horaires

....
....
....
....
....
....
....
....
....
....

Notes, à préparer, à photocopier...

Récréation

....
....
....
....
....
....
....
....
....
....

Pause méridienne :

Devoirs

....
....
....
....
....
....
....

Récréation

....
....
....
....
....
....
....
....

Conseils, RDV, APC :

Vendredi 15 octobre 2021

Horaires

....
....
....
....
....
....
....
....
....
....

Notes, à préparer, à photocopier...

Récréation

....
....
....
....
....
....
....
....
....
....
....

Pause méridienne :

Devoirs

....
....
....
....
....
....
....
....

Récréation

....
....
....
....
....
....
....
....
....

Conseils, RDV, APC :

Lundi 18 octobre 2021

Horaires

....
....
....
....
....
....
....
....
....

Notes, à préparer, à photocopier...

Récréation

....
....
....
....
....
....
....
....
....
....

Pause méridienne :

Devoirs

....
....
....
....
....
....
....

Récréation

....
....
....
....
....
....
....
....

Conseils, RDV, APC :

Mardi 19 octobre 2021

Horaires

....
....
....
....
....
....
....
....
....

Notes, à préparer, à photocopier...

Récréation

....
....
....
....
....
....
....
....
....
....

Pause méridienne :

....
....
....
....
....
....
....

Devoirs

Récréation

....
....
....
....
....
....
....
....

Conseils, RDV, APC :

Jeudi 21 octobre 2021

Horaires

....
....
....
....
....
....
....
....
....
....

Notes, à préparer, à photocopier...

Récréation

....
....
....
....
....
....
....
....
....

Pause méridienne :

Devoirs

....
....
....
....
....
....
....

Récréation

....
....
....
....
....
....
....
....

Conseils, RDV, APC :

Vendredi 22 octobre 2021

Horaires

....
....
....
....
....
....
....
....
....
....

Récréation

....
....
....
....
....
....
....
....
....
....

Notes, à préparer, à photocopier...

Pause méridienne :

....
....
....
....
....
....
....
....

Récréation

....
....
....
....
....
....
....
....

Devoirs

Conseils, RDV, APC :

Cahier journal

Vue d'ensemble du mois de novembre 2021

Lundi 1er novembre (Toussaint) Ⓥ	Mardi 2 novembre Ⓥ	Mercredi 3 novembre Ⓥ
Jeudi 4 novembre Ⓥ	Vendredi 5 novembre Ⓥ	Week-end Ⓥ
Lundi 8 novembre	Mardi 9 novembre	Mercredi 10 novembre
Jeudi 11 novembre (Armistice)	Vendredi 12 novembre	Week-end
Lundi 15 novembre	Mardi 16 novembre	Mercredi 17 novembre
Jeudi 18 novembre	Vendredi 19 novembre	Week-end
Lundi 22 novembre	Mardi 23 novembre	Mercredi 24 novembre
Jeudi 25 novembre	Vendredi 26 novembre	Week-end
Lundi 29 novembre	Mardi 30 novembre	Notes

Lundi 8 novembre 2021

Horaires

....
....
....
....
....
....
....
....
....

Notes, à préparer, à photocopier...

Récréation

....
....
....
....
....
....
....
....
....
....

Pause méridienne :

....
....
....
....
....
....
....

Devoirs

Récréation

....
....
....
....
....
....
....
....

Conseils, RDV, APC :

Mardi 9 novembre 2021

Horaires

....
....
....
....
....
....
....
....
....

Récréation

....
....
....
....
....
....
....
....
....
....

Pause méridienne :

....
....
....
....
....
....
....

Récréation

....
....
....
....
....
....
....
....

Conseils, RDV, APC :

Notes, à préparer, à photocopier...

Devoirs

Jeudi 11 novembre 2021

Horaires

....
....
....
....
....
....
....
....
....

Récréation

....
....
....
....
....
....
....
....
....

Pause méridienne :

....
....
....
....
....
....
....

Récréation

....
....
....
....
....
....
....

Conseils, RDV, APC :

Notes, à préparer, à photocopier...

Devoirs

Vendredi 12 novembre 2021

Horaires

....
....
....
....
....
....
....
....
....

Notes, à préparer, à photocopier...

Récréation

....
....
....
....
....
....
....
....
....

Pause méridienne :

Devoirs

....
....
....
....
....
....
....

Récréation

....
....
....
....
....
....
....
....

Conseils, RDV, APC :

Lundi 15 novembre 2021

Horaires

....
....
....
....
....
....
....
....
....

Récréation

....
....
....
....
....
....
....
....
....
....

Pause méridienne :

....
....
....
....
....
....
....

Récréation

....
....
....
....
....
....
....

Conseils, RDV, APC :

Notes, à préparer, à photocopier...

Devoirs

Mardi 16 novembre 2021

Horaires

....
....
....
....
....
....
....
....
....
....

Récréation

....
....
....
....
....
....
....
....
....
....

Pause méridienne :

....
....
....
....
....
....
....

Récréation

....
....
....
....
....
....
....
....

Conseils, RDV, APC :

Notes, à préparer, à photocopier...

Devoirs

Jeudi 18 novembre 2021

Horaires

Notes, à préparer, à photocopier…

Récréation

Pause méridienne :

Devoirs

Récréation

Conseils, RDV, APC :

Vendredi 19 novembre 2021

Horaires

....
....
....
....
....
....
....
....
....
....

Récréation

....
....
....
....
....
....
....
....
....
....

Notes, à préparer, à photocopier...

Pause méridienne :

....
....
....
....
....
....
....
....

Récréation

....
....
....
....
....
....
....
....

Devoirs

Conseils, RDV, APC :

Lundi 22 novembre 2021

Horaires

....
....
....
....
....
....
....
....
....

Notes, à préparer, à photocopier...

Récréation

....
....
....
....
....
....
....
....
....

Pause méridienne :

Devoirs

....
....
....
....
....
....
....

Récréation

....
....
....
....
....
....
....

Conseils, RDV, APC :

Mardi 23 novembre 2021

Horaires

....
....
....
....
....
....
....
....
....

Notes, à préparer, à photocopier...

Récréation

....
....
....
....
....
....
....
....
....

Pause méridienne :

Devoirs

....
....
....
....
....
....

Récréation

....
....
....
....
....
....
....
....

Conseils, RDV, APC :

Horaires

....
....
....
....
....
....
....
....
....

Notes, à préparer, à photocopier...

Récréation

....
....
....
....
....
....
....
....
....
....

Pause méridienne :

....
....
....
....
....
....
....

Devoirs

Récréation

....
....
....
....
....
....
....

Conseils, RDV, APC :

Vendredi 26 novembre 2021

Horaires

....
....
....
....
....
....
....
....
....

Notes, à préparer, à photocopier...

Récréation

....
....
....
....
....
....
....
....
....

Pause méridienne :

Devoirs

....
....
....
....
....
....
....

Récréation

....
....
....
....
....
....
....
....

Conseils, RDV, APC :

Lundi 29 novembre 2021

Horaires

....
....
....
....
....
....
....
....
....

Récréation

....
....
....
....
....
....
....
....
....

Pause méridienne :

....
....
....
....
....
....
....

Récréation

....
....
....
....
....
....
....

Conseils, RDV, APC :

Notes, à préparer, à photocopier...

Devoirs

Mardi 30 novembre 2021

Horaires

....
....
....
....
....
....
....
....
....
....

Notes, à préparer, à photocopier...

Récréation

....
....
....
....
....
....
....
....
....
....

Pause méridienne :

Devoirs

....
....
....
....
....
....
....
....

Récréation

....
....
....
....
....
....
....
....

Conseils, RDV, APC :

Cahier journal

		Mercredi 1er décembre
Jeudi 2 décembre	Vendredi 3 décembre	Week-end
Lundi 6 décembre	Mardi 7 décembre	Mercredi 8 décembre
Jeudi 9 décembre	Vendredi 10 décembre	Week-end
Lundi 13 décembre	Mardi 14 décembre	Mercredi 15 décembre
Jeudi 16 décembre	Vendredi 17 décembre	Week-end (V)
Lundi 20 décembre (V)	Mardi 21 décembre (V)	Mercredi 22 décembre (V)
Jeudi 23 décembre (V)	Vendredi 24 décembre (V)	Week-end (V)
Lundi 27 décembre (V)	Mardi 28 décembre (V)	Mercredi 29 décembre (V)
Jeudi 30 décembre (V)	Vendredi 31 décembre (V)	Notes

Jeudi 2 décembre 2021

Horaires

....
....
....
....
....
....
....
....
....
....

Notes, à préparer, à photocopier...

Récréation

....
....
....
....
....
....
....
....
....
....

Pause méridienne :

Devoirs

....
....
....
....
....
....

Récréation

....
....
....
....
....
....
....

Conseils, RDV, APC :

Vendredi 3 décembre 2021

Horaires

....
....
....
....
....
....
....
....
....
....

Notes, à préparer, à photocopier…

Récréation

....
....
....
....
....
....
....
....
....

Pause méridienne :

Devoirs

....
....
....
....
....
....
....

Récréation

....
....
....
....
....
....
....
....

Conseils, RDV, APC :

Lundi 6 décembre 2021

Horaires

....
....
....
....
....
....
....
....
....
....

Notes, à préparer, à photocopier...

Récréation

....
....
....
....
....
....
....
....
....
....

Pause méridienne :

Devoirs

....
....
....
....
....
....
....

Récréation

....
....
....
....
....
....
....
....

Conseils, RDV, APC :

Mardi 7 décembre 2021

Horaires

....
....
....
....
....
....
....
....
....

Récréation

....
....
....
....
....
....
....
....
....
....

Pause méridienne :

....
....
....
....
....
....
....

Récréation

....
....
....
....
....
....
....

Conseils, RDV, APC :

Notes, à préparer, à photocopier...

Devoirs

Jeudi 9 décembre 2021

Horaires

....
....
....
....
....
....
....
....
....

Notes, à préparer, à photocopier…

Récréation

....
....
....
....
....
....
....
....
....
....
....

Pause méridienne :

Devoirs

....
....
....
....
....
....
....
....

Récréation

....
....
....
....
....
....
....
....
....

Conseils, RDV, APC :

Vendredi 10 décembre 2021

Horaires

....
....
....
....
....
....
....
....
....
....

Récréation

....
....
....
....
....
....
....
....
....
....
....

Notes, à préparer, à photocopier...

Pause méridienne :

....
....
....
....
....
....
....

Récréation

....
....
....
....
....
....
....

Devoirs

Conseils, RDV, APC :

Lundi 13 décembre 2021

Horaires

....
....
....
....
....
....
....
....
....

Notes, à préparer, à photocopier...

Récréation

....
....
....
....
....
....
....
....
....

Pause méridienne :

Devoirs

....
....
....
....
....
....
....

Récréation

....
....
....
....
....
....
....

Conseils, RDV, APC :

Mardi 14 décembre 2021

Horaires

....
....
....
....
....
....
....
....
....
....

Notes, à préparer, à photocopier...

Récréation

....
....
....
....
....
....
....
....
....
....

Pause méridienne :

Devoirs

....
....
....
....
....
....
....
....

Récréation

....
....
....
....
....
....
....
....

Conseils, RDV, APC :

Jeudi 16 décembre 2021

Horaires

....
....
....
....
....
....
....
....
....

Récréation

....
....
....
....
....
....
....
....
....

Notes, à préparer, à photocopier...

Pause méridienne :

....
....
....
....
....
....
....

Récréation

....
....
....
....
....
....
....

Devoirs

Conseils, RDV, APC :

Vendredi 17 décembre 2021

Horaires

....
....
....
....
....
....
....
....
....

Récréation

....
....
....
....
....
....
....
....
....
....

Notes, à préparer, à photocopier...

Pause méridienne :

....
....
....
....
....
....
....

Récréation

....
....
....
....
....
....
....
....

Devoirs

Conseils, RDV, APC :

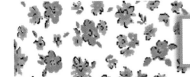

Cahier journal

Lundi 3 janvier	Mardi 4 janvier	Mercredi 5 janvier
Jeudi 6 janvier	Vendredi 7 janvier	Week-end
Lundi 10 janvier	Mardi 11 janvier	Mercredi 12 janvier
Jeudi 13 janvier	Vendredi 14 janvier	Week-end
Lundi 17 janvier	Mardi 18 janvier	Mercredi 19 janvier
Jeudi 20 janvier	Vendredi 21 janvier	Week-end
Lundi 24 janvier	Mardi 25 janvier	Mercredi 26 janvier
Jeudi 27 janvier	Vendredi 28 janvier	Week-end
Lundi 31 janvier	Notes	

Lundi 3 janvier 2022

Horaires

....
....
....
....
....
....
....
....
....

Récréation

....
....
....
....
....
....
....
....
....
....

Notes, à préparer, à photocopier...

Pause méridienne :

....
....
....
....
....
....
....

Récréation

....
....
....
....
....
....
....
....

Devoirs

Conseils, RDV, APC :

Mardi 4 janvier 2022

Horaires

....
....
....
....
....
....
....
....
....

Récréation

....
....
....
....
....
....
....
....
....
....

Pause méridienne :

....
....
....
....
....
....
....

Récréation

....
....
....
....
....
....
....
....

Conseils, RDV, APC :

Notes, à préparer, à photocopier...

Devoirs

Jeudi 6 janvier 2022

Horaires

....
....
....
....
....
....
....
....
....

Récréation

....
....
....
....
....
....
....
....
....

Pause méridienne :

....
....
....
....
....
....

Récréation

....
....
....
....
....
....
....

Conseils, RDV, APC :

Notes, à préparer, à photocopier...

Devoirs

Vendredi 7 janvier 2022

Horaires

....
....
....
....
....
....
....
....
....

Notes, à préparer, à photocopier...

Récréation

....
....
....
....
....
....
....
....
....
....

Pause méridienne :

Devoirs

....
....
....
....
....
....
....

Récréation

....
....
....
....
....
....
....
....

Conseils, RDV, APC :

Lundi 10 janvier 2022

Horaires

....
....
....
....
....
....
....
....
....

Récréation

....
....
....
....
....
....
....
....
....

Notes, à préparer, à photocopier...

Pause méridienne :

....
....
....
....
....
....
....

Récréation

....
....
....
....
....
....
....

Devoirs

Conseils, RDV, APC :

Mardi 11 janvier 2022

Horaires

....
....
....
....
....
....
....
....
....

Notes, à préparer, à photocopier...

Récréation

....
....
....
....
....
....
....
....
....
....

Pause méridienne :

Devoirs

....
....
....
....
....
....
....

Récréation

....
....
....
....
....
....
....

Conseils, RDV, APC :

Jeudi 13 janvier 2022

Horaires

....
....
....
....
....
....
....
....
....

Notes, à préparer, à photocopier...

Récréation

....
....
....
....
....
....
....
....
....

Pause méridienne :

Devoirs

....
....
....
....
....
....
....

Récréation

....
....
....
....
....
....
....

Conseils, RDV, APC :

Vendredi 14 janvier 2022

Horaires

....
....
....
....
....
....
....
....
....
....

Récréation

....
....
....
....
....
....
....
....
....
....
....

Notes, à préparer, à photocopier...

Pause méridienne :

....
....
....
....
....
....
....

Récréation

....
....
....
....
....
....
....
....

Devoirs

Conseils, RDV, APC :

Lundi 17 janvier 2022

Horaires

....
....
....
....
....
....
....
....
....

Récréation

....
....
....
....
....
....
....
....
....

Pause méridienne :

....
....
....
....
....
....
....

Récréation

....
....
....
....
....
....
....

Conseils, RDV, APC :

Notes, à préparer, à photocopier...

Devoirs

Mardi 18 janvier 2022

Horaires

....
....
....
....
....
....
....
....
....
....

Notes, à préparer, à photocopier...

Récréation

....
....
....
....
....
....
....
....
....
....

Pause méridienne :

Devoirs

....
....
....
....
....
....
....
....

Récréation

....
....
....
....
....
....
....
....
....

Conseils, RDV, APC :

Jeudi 20 janvier 2022

Horaires

....
....
....
....
....
....
....
....
....

Récréation

....
....
....
....
....
....
....
....

Notes, à préparer, à photocopier...

Pause méridienne :

....
....
....
....
....
....
....

Récréation

....
....
....
....
....
....
....

Devoirs

Conseils, RDV, APC :

Vendredi 21 janvier 2022

Horaires

....
....
....
....
....
....
....
....
....

Notes, à préparer, à photocopier...

Récréation

....
....
....
....
....
....
....
....
....
....

Pause méridienne :

Devoirs

....
....
....
....
....
....
....

Récréation

....
....
....
....
....
....
....

Conseils, RDV, APC :

Lundi 24 janvier 2022

Horaires

....
....
....
....
....
....
....
....
....
....

Récréation

....
....
....
....
....
....
....
....
....
....

Pause méridienne :

....
....
....
....
....
....
....

Récréation

....
....
....
....
....
....
....

Conseils, RDV, APC :

Notes, à préparer, à photocopier...

Devoirs

Mardi 25 janvier 2022

Horaires

....
....
....
....
....
....
....
....
....

Notes, à préparer, à photocopier...

Récréation

....
....
....
....
....
....
....
....
....
....

Pause méridienne :

Devoirs

....
....
....
....
....
....
....

Récréation

....
....
....
....
....
....
....

Conseils, RDV, APC :

Jeudi 27 janvier 2022

Horaires

....
....
....
....
....
....
....
....
....

Notes, à préparer, à photocopier...

Récréation

....
....
....
....
....
....
....
....
....

Pause méridienne :

....
....
....
....
....
....
....

Devoirs

Récréation

....
....
....
....
....
....
....

Conseils, RDV, APC :

Vendredi 28 janvier 2022

Horaires

....
....
....
....
....
....
....
....
....

Récréation

....
....
....
....
....
....
....
....
....

Pause méridienne :

....
....
....
....
....
....
....

Récréation

....
....
....
....
....
....
....
....

Conseils, RDV, APC :

Notes, à préparer, à photocopier...

Devoirs

Lundi 31 janvier 2022

Horaires

....
....
....
....
....
....
....
....
....
....

Récréation

....
....
....
....
....
....
....
....
....
....

Notes, à préparer, à photocopier...

Pause méridienne :

....
....
....
....
....
....
....

Récréation

....
....
....
....
....
....
....

Devoirs

Conseils, RDV, APC :

Agenda

	Mardi 1er février	Mercredi 2 février
Jeudi 3 février	Vendredi 4 février	Week-end
Lundi 7 février	Mardi 8 février	Mercredi 9 février
Jeudi 10 février	Vendredi 11 février	Week-end
Lundi 13 février	Mardi 14 février	Mercredi 15 février
Jeudi 16 février	Vendredi 17 février	Week-end
Lundi 21 février	Mardi 22 février	Mercredi 23 février
Jeudi 24 février	Vendredi 25 février	Week-end
Lundi 28 février	Notes	

Mardi 1er février 2022

Horaires

....
....
....
....
....
....
....
....
....

Récréation

....
....
....
....
....
....
....
....
....
....

Pause méridienne :

....
....
....
....
....
....
....
....

Récréation

....
....
....
....
....
....
....
....

Conseils, RDV, APC :

Notes, à préparer, à photocopier...

Devoirs

Jeudi 3 février 2022

Horaires

....
....
....
....
....
....
....
....
....

Notes, à préparer, à photocopier...

Récréation

....
....
....
....
....
....
....
....
....
....

Pause méridienne :

Devoirs

....
....
....
....
....
....
....

Récréation

....
....
....
....
....
....
....
....

Conseils, RDV, APC :

Vendredi 4 février 2022

Horaires

....
....
....
....
....
....
....
....
....

Récréation

....
....
....
....
....
....
....
....
....
....

Notes, à préparer, à photocopier...

Pause méridienne :

....
....
....
....
....
....
....

Récréation

....
....
....
....
....
....
....
....

Devoirs

Conseils, RDV, APC :

Lundi 7 février 2022

Horaires

	Notes, à préparer, à photocopier…

Récréation

Pause méridienne :

Devoirs

Récréation

Conseils, RDV, APC :

Mardi 8 février 2022

Horaires

....
....
....
....
....
....
....
....
....

Récréation

....
....
....
....
....
....
....
....
....

Pause méridienne :

....
....
....
....
....
....
....

Récréation

....
....
....
....
....
....
....

Conseils, RDV, APC :

Notes, à préparer, à photocopier...

Devoirs

Jeudi 10 février 2022

Horaires

....
....
....
....
....
....
....
....
....
....

Notes, à préparer, à photocopier...

Récréation

....
....
....
....
....
....
....
....
....
....
....

Pause méridienne :

Devoirs

....
....
....
....
....
....
....

Récréation

....
....
....
....
....
....
....
....

Conseils, RDV, APC :

Vendredi 11 février 2022

Horaires

....
....
....
....
....
....
....
....
....

Récréation

....
....
....
....
....
....
....
....
....

Pause méridienne :

....
....
....
....
....
....
....

Récréation

....
....
....
....
....
....
....
....

Conseils, RDV, APC :

Notes, à préparer, à photocopier...

Devoirs

Lundi 14 février 2022

Horaires

Notes, à préparer, à photocopier...

Récréation

Pause méridienne :

Devoirs

Récréation

Conseils, RDV, APC :

Mardi 15 février 2022

Horaires

....
....
....
....
....
....
....
....
....

Récréation

....
....
....
....
....
....
....
....
....
....

Notes, à préparer, à photocopier...

Pause méridienne :

....
....
....
....
....
....
....

Récréation

....
....
....
....
....
....
....
....

Devoirs

Conseils, RDV, APC :

Jeudi 17 février 2022

Horaires

....
....
....
....
....
....
....
....
....

Récréation

....
....
....
....
....
....
....
....
....
....
....

Notes, à préparer, à photocopier...

Pause méridienne :

....
....
....
....
....
....
....
....

Récréation

....
....
....
....
....
....
....
....

Devoirs

Conseils, RDV, APC :

Vendredi 18 février 2022

Horaires

....
....
....
....
....
....
....
....
....

Récréation

....
....
....
....
....
....
....
....
....

Pause méridienne :

....
....
....
....
....
....
....

Récréation

....
....
....
....
....
....
....

Conseils, RDV, APC :

Notes, à préparer, à photocopier...

Devoirs

Lundi 21 février 2022

Horaires

Récréation

Pause méridienne :

Récréation

Conseils, RDV, APC :

Notes, à préparer, à photocopier…

Devoirs

Mardi 22 février 2022

Horaires

....
....
....
....
....
....
....
....
....

Récréation

....
....
....
....
....
....
....
....
....

Pause méridienne :

....
....
....
....
....
....
....

Récréation

....
....
....
....
....
....
....

Conseils, RDV, APC :

Notes, à préparer, à photocopier...

Devoirs

Jeudi 24 février 2022

Horaires

....
....
....
....
....
....
....
....
....

Récréation

....
....
....
....
....
....
....
....
....

Notes, à préparer, à photocopier...

Pause méridienne :

....
....
....
....
....
....
....

Récréation

....
....
....
....
....
....
....
....

Devoirs

Conseils, RDV, APC :

Vendredi 25 février 2022

Horaires

....
....
....
....
....
....
....
....
....

Récréation

....
....
....
....
....
....
....
....
....
....

Notes, à préparer, à photocopier...

Pause méridienne :

....
....
....
....
....
....
....

Récréation

....
....
....
....
....
....
....

Devoirs

Conseils, RDV, APC :

Lundi 28 février 2022

Horaires

....
....
....
....
....
....
....
....
....
....

Notes, à préparer, à photocopier...

Récréation

....
....
....
....
....
....
....
....
....
....
....

Pause méridienne :

Devoirs

....
....
....
....
....
....
....

Récréation

....
....
....
....
....
....
....

Conseils, RDV, APC :

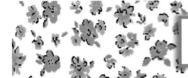

Cahier journal

	Mardi 1er mars	Mercredi 2 mars
Jeudi 3 mars	Vendredi 4 mars	Week-end
Lundi 7 mars	Mardi 8 mars	Mercredi 9 mars
Jeudi 10 mars	Vendredi 11 mars	Week-end
Lundi 14 mars	Mardi 15 mars	Mercredi 16 mars
Jeudi 17 mars	Vendredi 18 mars	Week-end
Lundi 21 mars	Mardi 22 mars	Mercredi 23 mars
Jeudi 24 mars	Vendredi 25 mars	Week-end
Lundi 28 mars	Mardi 29 mars	Mercredi 30 mars
Jeudi 31 mars	Notes	

Mardi 1er mars 2022

Horaires

....
....
....
....
....
....
....
....
....
....

Notes, à préparer, à photocopier...

Récréation

....
....
....
....
....
....
....
....
....
....
....

Pause méridienne :

Devoirs

....
....
....
....
....
....
....

Récréation

....
....
....
....
....
....
....
....

Conseils, RDV, APC :

Jeudi 3 mars 2022

Horaires

....
....
....
....
....
....
....
....
....

Récréation

....
....
....
....
....
....
....
....
....
....

Pause méridienne :

....
....
....
....
....
....
....
....

Récréation

....
....
....
....
....
....
....

Conseils, RDV, APC :

Notes, à préparer, à photocopier...

Devoirs

Vendredi 4 mars 2022

Horaires

....
....
....
....
....
....
....
....
....
....

Récréation

....
....
....
....
....
....
....
....
....
....

Pause méridienne :

....
....
....
....
....
....
....

Récréation

....
....
....
....
....
....
....

Conseils, RDV, APC :

Notes, à préparer, à photocopier...

Devoirs

Lundi 7 mars 2022

Horaires

....
....
....
....
....
....
....
....
....

Notes, à préparer, à photocopier...

Récréation

....
....
....
....
....
....
....
....
....
....

Pause méridienne :

Devoirs

....
....
....
....
....
....
....

Récréation

....
....
....
....
....
....
....
....

Conseils, RDV, APC :

Mardi 8 mars 2022

Horaires

....
....
....
....
....
....
....
....
....

Notes, à préparer, à photocopier...

Récréation

....
....
....
....
....
....
....
....
....

Pause méridienne :

Devoirs

....
....
....
....
....
....
....

Récréation

....
....
....
....
....
....
....
....

Conseils, RDV, APC :

Jeudi 10 mars 2022

Horaires

....
....
....
....
....
....
....
....
....

Récréation

....
....
....
....
....
....
....
....
....
....

Notes, à préparer, à photocopier…

Pause méridienne :

....
....
....
....
....
....
....

Récréation

....
....
....
....
....
....
....

Devoirs

Conseils, RDV, APC :

Vendredi 11 mars 2022

Horaires

Notes, à préparer, à photocopier...

Récréation

Pause méridienne :

Devoirs

Récréation

Conseils, RDV, APC :

Lundi 14 mars 2022

Horaires

....
....
....
....
....
....
....
....
....
....

Récréation

....
....
....
....
....
....
....
....
....
....
....

Pause méridienne :

....
....
....
....
....
....
....
....

Récréation

....
....
....
....
....
....
....
....

Conseils, RDV, APC :

Notes, à préparer, à photocopier...

Devoirs

Mardi 15 mars 2022

Horaires

....
....
....
....
....
....
....
....
....
....

Récréation

....
....
....
....
....
....
....
....
....
....

Notes, à préparer, à photocopier...

Pause méridienne :

....
....
....
....
....
....
....

Récréation

....
....
....
....
....
....
....

Devoirs

Conseils, RDV, APC :

Jeudi 17 mars 2022

Horaires

....
....
....
....
....
....
....
....
....

Récréation

....
....
....
....
....
....
....
....
....
....

Notes, à préparer, à photocopier...

Pause méridienne :

....
....
....
....
....
....

Récréation

....
....
....
....
....
....
....

Devoirs

Conseils, RDV, APC :

Vendredi 18 mars 2022

Horaires

Notes, à préparer, à photocopier...

Récréation

Pause méridienne :

Devoirs

Récréation

Conseils, RDV, APC :

Lundi 21 mars 2022

Horaires

....
....
....
....
....
....
....
....
....

Récréation

....
....
....
....
....
....
....
....
....

Pause méridienne :

....
....
....
....
....
....
....

Récréation

....
....
....
....
....
....
....

Conseils, RDV, APC :

Notes, à préparer, à photocopier...

Devoirs

Mardi 22 mars 2022

Horaires

Notes, à préparer, à photocopier...

Récréation

Pause méridienne :

Devoirs

Récréation

Conseils, RDV, APC :

Jeudi 24 mars 2022

Horaires

....
....
....
....
....
....
....
....
....
....

Récréation

....
....
....
....
....
....
....
....
....
....
....

Pause méridienne :

....
....
....
....
....
....
....
....

Récréation

....
....
....
....
....
....
....
....
....
....

Conseils, RDV, APC :

Notes, à préparer, à photocopier...

Devoirs

Vendredi 25 mars 2022

Horaires

....
....
....
....
....
....
....
....
....
....

Notes, à préparer, à photocopier...

Récréation

....
....
....
....
....
....
....
....
....
....

Pause méridienne :

Devoirs

....
....
....
....
....
....
....

Récréation

....
....
....
....
....
....
....
....

Conseils, RDV, APC :

Lundi 28 mars 2022

Horaires

....
....
....
....
....
....
....
....
....

Notes, à préparer, à photocopier...

Récréation

....
....
....
....
....
....
....
....
....

Pause méridienne :

Devoirs

....
....
....
....
....
....

Récréation

....
....
....
....
....
....

Conseils, RDV, APC :

Mardi 29 mars 2022

Horaires

....
....
....
....
....
....
....
....
....
....

Récréation

....
....
....
....
....
....
....
....
....
....

Pause méridienne :

....
....
....
....
....
....
....

Récréation

....
....
....
....
....
....
....

Conseils, RDV, APC :

Notes, à préparer, à photocopier...

Devoirs

Jeudi 31 mars 2022

Horaires

....
....
....
....
....
....
....
....
....

Récréation

....
....
....
....
....
....
....
....
....

Notes, à préparer, à photocopier...

Pause méridienne :

....
....
....
....
....
....
....

Récréation

....
....
....
....
....
....
....

Devoirs

Conseils, RDV, APC :

Cahier journal

	Vendredi 1ᵉʳ avril	Week-end
Lundi 4 avril	Mardi 5 avril	Mercredi 6 avril
Jeudi 7 avril	Vendredi 8 avril	Week-end
Lundi 11 avril	Mardi 12 avril	Mercredi 13 avril
Jeudi 14 avril	Vendredi 15 avril	Week-end
Lundi 18 avril (Pâques)	Mardi 19 avril	Mercredi 20 avril
Jeudi 21 avril	Vendredi 22 avril	Week-end
Lundi 25 avril	Mardi 26 avril	Mercredi 27 avril
Jeudi 28 avril	Vendredi 29 avril	Week-end

Vendredi 1er avril 2022

Horaires

....
....
....
....
....
....
....
....
....

Notes, à préparer, à photocopier...

Récréation

....
....
....
....
....
....
....
....
....

Pause méridienne :

....
....
....
....
....
....
....

Devoirs

Récréation

....
....
....
....
....
....
....
....

Conseils, RDV, APC :

Lundi 4 avril 2022

Horaires		Notes, à préparer, à photocopier...
	....	
	....	
	....	
	....	
	....	
	....	
	....	
	....	
	....	
Récréation		
	....	
	....	
	....	
	....	
	....	
	....	
	....	
	....	
	....	
	....	

Pause méridienne : | **Devoirs**

	....	
	....	
	....	
	....	
	....	
	....	
	....	
Récréation		
	....	
	....	
	....	
	....	
	....	
	....	
	....	

Conseils, RDV, APC :

Mardi 5 avril 2022

Horaires

....
....
....
....
....
....
....
....
....

Notes, à préparer, à photocopier...

Récréation

....
....
....
....
....
....
....
....
....

Pause méridienne :

Devoirs

....
....
....
....
....
....

Récréation

....
....
....
....
....
....
....

Conseils, RDV, APC :

Jeudi 7 avril 2022

Horaires

....
....
....
....
....
....
....
....
....
....

Récréation

....
....
....
....
....
....
....
....
....
....

Notes, à préparer, à photocopier...

Pause méridienne :

....
....
....
....
....
....
....
....

Récréation

....
....
....
....
....
....
....
....
....

Devoirs

Conseils, RDV, APC :

Vendredi 8 avril 2022

Horaires

....
....
....
....
....
....
....
....
....

Récréation

....
....
....
....
....
....
....
....
....
....

Pause méridienne :

....
....
....
....
....
....
....

Récréation

....
....
....
....
....
....
....
....

Conseils, RDV, APC :

Notes, à préparer, à photocopier...

Devoirs

Lundi 11 avril 2022

Horaires

....
....
....
....
....
....
....
....
....
....

Récréation

....
....
....
....
....
....
....
....
....
....
....
....

Notes, à préparer, à photocopier...

Pause méridienne :

....
....
....
....
....
....
....

Récréation

....
....
....
....
....
....
....
....

Devoirs

Conseils, RDV, APC :

Mardi 12 avril 2022

Horaires

....
....
....
....
....
....
....
....
....

Récréation

....
....
....
....
....
....
....
....
....
....

Notes, à préparer, à photocopier...

Pause méridienne :

....
....
....
....
....
....
....

Récréation

....
....
....
....
....
....
....

Devoirs

Conseils, RDV, APC :

Jeudi 14 avril 2022

Horaires

....
....
....
....
....
....
....
....
....
....

Récréation

....
....
....
....
....
....
....
....
....
....

Notes, à préparer, à photocopier...

Pause méridienne :

....
....
....
....
....
....
....

Récréation

....
....
....
....
....
....
....

Devoirs

Conseils, RDV, APC :

Vendredi 15 avril 2022

Horaires

....
....
....
....
....
....
....
....
....
....

Notes, à préparer, à photocopier...

Récréation

....
....
....
....
....
....
....
....
....

Pause méridienne :

Devoirs

....
....
....
....
....
....
....

Récréation

....
....
....
....
....
....
....
....

Conseils, RDV, APC :

Mardi 19 avril 2022

Horaires

....
....
....
....
....
....
....
....
....
....

Récréation

....
....
....
....
....
....
....
....
....
....
....

Notes, à préparer, à photocopier...

Pause méridienne :

....
....
....
....
....
....
....
....

Récréation

....
....
....
....
....
....
....
....

Devoirs

Conseils, RDV, APC :

Jeudi 21 avril 2022

Horaires

....
....
....
....
....
....
....
....
....

Récréation

....
....
....
....
....
....
....
....
....

Pause méridienne :

....
....
....
....
....
....
....

Récréation

....
....
....
....
....
....
....

Conseils, RDV, APC :

Notes, à préparer, à photocopier...

Devoirs

Vendredi 22 avril 2022

Horaires

....
....
....
....
....
....
....
....
....

Notes, à préparer, à photocopier...

Récréation

....
....
....
....
....
....
....
....
....
....

Pause méridienne :

Devoirs

....
....
....
....
....
....
....

Récréation

....
....
....
....
....
....
....

Conseils, RDV, APC :

Lundi 25 avril 2022

Horaires

....
....
....
....
....
....
....
....
....

Récréation

....
....
....
....
....
....
....
....
....

Notes, à préparer, à photocopier...

Pause méridienne :

....
....
....
....
....
....

Récréation

....
....
....
....
....
....

Devoirs

Conseils, RDV, APC :

Mardi 26 avril 2022

Horaires

....
....
....
....
....
....
....
....
....

Récréation

....
....
....
....
....
....
....
....
....
....

Notes, à préparer, à photocopier…

Pause méridienne :

....
....
....
....
....
....
....

Récréation

....
....
....
....
....
....
....
....

Devoirs

Conseils, RDV, APC :

Jeudi 28 avril 2022

Horaires

....
....
....
....
....
....
....
....
....

Récréation

....
....
....
....
....
....
....
....
....
....

Pause méridienne :

....
....
....
....
....
....

Récréation

....
....
....
....
....
....
....

Conseils, RDV, APC :

Notes, à préparer, à photocopier...

Devoirs

Vendredi 29 avril 2022

Horaires

....
....
....
....
....
....
....
....
....
....
....

Récréation

....
....
....
....
....
....
....
....
....
....
....
....

Pause méridienne :

....
....
....
....
....
....
....

Récréation

....
....
....
....
....
....
....
....

Conseils, RDV, APC :

Notes, à préparer, à photocopier...

Devoirs

Cahier journal

Vue d'ensemble du mois de mai 2022

Lundi 2 mai (V)	Mardi 3 mai (V)	Mercredi 4 mai (V)
Jeudi 5 mai (V)	Vendredi 6 mai (V)	Week-end (V)
Lundi 9 mai	Mardi 10 mai	Mercredi 11 mai
Jeudi 12 mai	Vendredi 13 mai	Week-end
Lundi 16 mai	Mardi 17 mai	Mercredi 18 mai
Jeudi 19 mai	Vendredi 20 mai	Week-end
Lundi 23 mai	Mardi 24 mai	Mercredi 25 mai
Jeudi 26 mai (Ascension)	Vendredi 27 mai (Pont)	Week-end
Lundi 30 mai	mardi 31 mai	Notes

Lundi 2 mai 2022

Horaires

....
....
....
....
....
....
....
....
....

Notes, à préparer, à photocopier...

Récréation

....
....
....
....
....
....
....
....
....
....

Pause méridienne :

Devoirs

....
....
....
....
....
....
....

Récréation

....
....
....
....
....
....
....

Conseils, RDV, APC :

Mardi 3 mai 2022

Horaires

....
....
....
....
....
....
....
....
....

Récréation

....
....
....
....
....
....
....
....
....

Pause méridienne :

....
....
....
....
....
....
....

Récréation

....
....
....
....
....
....
....

Conseils, RDV, APC :

Notes, à préparer, à photocopier...

Devoirs

Jeudi 5 mai 2022

Horaires

....
....
....
....
....
....
....
....
....
....

Notes, à préparer, à photocopier...

Récréation

....
....
....
....
....
....
....
....
....
....
....

Pause méridienne :

....
....
....
....
....
....
....

Devoirs

Récréation

....
....
....
....
....
....
....
....

Conseils, RDV, APC :

Vendredi 6 mai 2022

Horaires

....
....
....
....
....
....
....
....
....

Récréation

....
....
....
....
....
....
....
....
....
....

Notes, à préparer, à photocopier...

Pause méridienne :

....
....
....
....
....
....

Récréation

....
....
....
....
....
....

Devoirs

Conseils, RDV, APC :

Lundi 9 mai 2022

Horaires

Notes, à préparer, à photocopier...

Récréation

Pause méridienne :

Devoirs

Récréation

Conseils, RDV, APC :

Mardi 10 mai 2022

Horaires

....
....
....
....
....
....
....
....
....

Récréation

....
....
....
....
....
....
....
....
....

Notes, à préparer, à photocopier...

Pause méridienne :

....
....
....
....
....
....
....

Récréation

....
....
....
....
....
....
....

Devoirs

Conseils, RDV, APC :

Jeudi 12 mai 2022

Horaires

....
....
....
....
....
....
....
....
....
....

Notes, à préparer, à photocopier...

Récréation

....
....
....
....
....
....
....
....
....
....
....

Pause méridienne :

Devoirs

....
....
....
....
....
....
....
....

Récréation

....
....
....
....
....
....
....
....

Conseils, RDV, APC :

Vendredi 13 mai 2022

Horaires

....
....
....
....
....
....
....
....
....

Récréation

....
....
....
....
....
....
....
....
....
....
....

Notes, à préparer, à photocopier...

Pause méridienne :

....
....
....
....
....
....
....

Récréation

....
....
....
....
....
....
....
....

Devoirs

Conseils, RDV, APC :

Lundi 16 mai 2022

Horaires

Notes, à préparer, à photocopier…

Récréation

Pause méridienne :

Devoirs

Récréation

Conseils, RDV, APC :

Mardi 17 mai 2022

Horaires

....
....
....
....
....
....
....
....
....

Récréation

....
....
....
....
....
....
....
....
....

Notes, à préparer, à photocopier...

Pause méridienne :

....
....
....
....
....
....
....

Récréation

....
....
....
....
....
....
....

Devoirs

Conseils, RDV, APC :

Jeudi 19 mai 2022

Horaires

Récréation

Pause méridienne :

Récréation

Conseils, RDV, APC :

Notes, à préparer, à photocopier...

Devoirs

Vendredi 20 mai 2022

Horaires

....
....
....
....
....
....
....
....
....

Récréation

....
....
....
....
....
....
....
....
....

Pause méridienne :

....
....
....
....
....
....
....

Récréation

....
....
....
....
....
....
....

Conseils, RDV, APC :

Notes, à préparer, à photocopier...

Devoirs

Lundi 23 mai 2022

Horaires

....
....
....
....
....
....
....
....
....

Récréation

....
....
....
....
....
....
....
....
....

Notes, à préparer, à photocopier...

Pause méridienne :

....
....
....
....
....
....
....

Récréation

....
....
....
....
....
....
....

Devoirs

Conseils, RDV, APC :

Mardi 24 mai 2022

Horaires

....
....
....
....
....
....
....
....
....

Récréation

....
....
....
....
....
....
....
....
....

Pause méridienne :

....
....
....
....
....
....
....

Récréation

....
....
....
....
....
....
....

Conseils, RDV, APC :

Notes, à préparer, à photocopier...

Devoirs

Lundi 30 mai 2022

Horaires

....
....
....
....
....
....
....
....
....

Notes, à préparer, à photocopier...

Récréation

....
....
....
....
....
....
....
....
....
....

Pause méridienne :

Devoirs

....
....
....
....
....
....
....

Récréation

....
....
....
....
....
....
....

Conseils, RDV, APC :

Mardi 31 mai 2022

Horaires

....
....
....
....
....
....
....
....
....

Récréation

....
....
....
....
....
....
....
....
....

Pause méridienne :

....
....
....
....
....
....
....

Récréation

....
....
....
....
....
....
....

Conseils, RDV, APC :

Notes, à préparer, à photocopier...

Devoirs

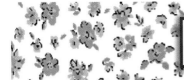

Cahier journal

		Mercredi 1er juin
Jeudi 2 juin	Vendredi 3 juin	Week-end
Lundi 6 juin (Pentecôte)	Mardi 7 juin	Mercredi 8 juin
Jeudi 9 juin	Vendredi 10 juin	Week-end
Lundi 13 juin	Mardi 14 juin	Mercredi 15 juin
Jeudi 16 juin	Vendredi 17 juin	Week-end
Lundi 20 juin	Mardi 21 juin	Mercredi 22 juin
Jeudi 23 juin	Vendredi 24 juin	Week-end
Lundi 27 juin	Mardi 28 juin	Mercredi 29 juin
Jeudi 30 juin	Vendredi 1er juillet	

Jeudi 2 juin 2022

Horaires

....
....
....
....
....
....
....
....
....

Récréation

....
....
....
....
....
....
....
....
....
....

Notes, à préparer, à photocopier...

Pause méridienne :

....
....
....
....
....
....

Récréation

....
....
....
....
....
....
....
....

Devoirs

Conseils, RDV, APC :

Vendredi 3 juin 2022

Horaires		Notes, à préparer, à photocopier...

Récréation

Pause méridienne :

Devoirs

Récréation

Conseils, RDV, APC :

Mardi 7 juin 2022

Horaires

....
....
....
....
....
....
....
....
....

Récréation

....
....
....
....
....
....
....
....
....
....
....

Pause méridienne :

....
....
....
....
....
....
....

Récréation

....
....
....
....
....
....
....
....

Conseils, RDV, APC :

Notes, à préparer, à photocopier...

Devoirs

Jeudi 9 juin 2022

Horaires

....

....

....

....

....

....

....

....

....

....

Récréation

....

....

....

....

....

....

....

....

....

....

....

....

Pause méridienne :

....

....

....

....

....

....

....

....

Récréation

....

....

....

....

....

....

....

....

Conseils, RDV, APC :

Notes, à préparer, à photocopier...

Devoirs

Vendredi 10 juin 2022

Horaires

....
....
....
....
....
....
....
....
....

Récréation

....
....
....
....
....
....
....
....
....
....

Notes, à préparer, à photocopier...

Pause méridienne :

....
....
....
....
....
....
....

Récréation

....
....
....
....
....
....
....

Devoirs

Conseils, RDV, APC :

Lundi 13 juin 2022

Horaires		Notes, à préparer, à photocopier...
	....	
	....	
	....	
	....	
	....	
	....	
	....	
	....	
	....	
	....	
Récréation		
	....	
	....	
	....	
	....	
	....	
	....	
	....	
	....	
	....	
	....	

Pause méridienne :

Devoirs

....
....
....
....
....
....
....
....

Récréation

....
....
....
....
....
....
....
....

Conseils, RDV, APC :

Mardi 14 juin 2022

Horaires

....
....
....
....
....
....
....
....
....
....

Notes, à préparer, à photocopier...

Récréation

....
....
....
....
....
....
....
....
....
....

Pause méridienne :

Devoirs

....
....
....
....
....
....
....

Récréation

....
....
....
....
....
....
....

Conseils, RDV, APC :

Jeudi 16 juin 2022

Horaires

....
....
....
....
....
....
....
....
....

Récréation

....
....
....
....
....
....
....
....
....

Pause méridienne :

....
....
....
....
....
....
....

Récréation

....
....
....
....
....
....
....
....

Conseils, RDV, APC :

Notes, à préparer, à photocopier...

Devoirs

Vendredi 17 juin 2022

Horaires

....
....
....
....
....
....
....
....
....

Récréation

....
....
....
....
....
....
....
....
....
....

Notes, à préparer, à photocopier…

Pause méridienne :

....
....
....
....
....
....
....

Récréation

....
....
....
....
....
....
....
....

Devoirs

Conseils, RDV, APC :

Lundi 20 juin 2022

Horaires

....
....
....
....
....
....
....
....
....
....

Notes, à préparer, à photocopier...

Récréation

....
....
....
....
....
....
....
....
....
....
....

Pause méridienne :

Devoirs

....
....
....
....
....
....
....
....

Récréation

....
....
....
....
....
....
....
....

Conseils, RDV, APC :

Mardi 21 juin 2022

Horaires

....
....
....
....
....
....
....
....
....
....

Récréation

....
....
....
....
....
....
....
....
....
....
....

Notes, à préparer, à photocopier...

Pause méridienne :

....
....
....
....
....
....
....
....

Récréation

....
....
....
....
....
....
....
....

Devoirs

Conseils, RDV, APC :

Jeudi 23 juin 2022

Horaires

Notes, à préparer, à photocopier...

Récréation

Pause méridienne :

Devoirs

Récréation

Conseils, RDV, APC :

Vendredi 24 juin 2022

Horaires	
	Notes, à préparer, à photocopier...

Récréation

Pause méridienne :

Récréation

Conseils, RDV, APC :

Devoirs

Lundi 27 juin 2022

Horaires

Notes, à préparer, à photocopier...

Récréation

Pause méridienne :

Devoirs

Récréation

Conseils, RDV, APC :

Mardi 28 juin 2022

Horaires

....
....
....
....
....
....
....
....
....
....

Récréation

....
....
....
....
....
....
....
....
....
....

Notes, à préparer, à photocopier...

Pause méridienne :

....
....
....
....
....
....
....

Récréation

....
....
....
....
....
....
....

Devoirs

Conseils, RDV, APC :

Jeudi 30 juin 2022

Horaires

....
....
....
....
....
....
....
....
....

Récréation

....
....
....
....
....
....
....
....
....
....

Pause méridienne :

....
....
....
....
....
....
....

Récréation

....
....
....
....
....
....
....

Conseils, RDV, APC :

Notes, à préparer, à photocopier...

Devoirs

Vendredi 1er juillet 2022

Horaires

....
....
....
....
....
....
....
....
....

Récréation

....
....
....
....
....
....
....
....
....

Notes, à préparer, à photocopier...

Pause méridienne :

....
....
....
....
....
....
....

Récréation

....
....
....
....
....
....
....
....

Devoirs

Conseils, RDV, APC :

Lundi 4 juillet 2022

Horaires

....
....
....
....
....
....
....
....
....

Récréation

....
....
....
....
....
....
....
....
....

Pause méridienne :

....
....
....
....
....
....
....

Récréation

....
....
....
....
....
....
....

Conseils, RDV, APC :

Notes, à préparer, à photocopier...

Devoirs

Mardi 5 juillet 2022

Horaires

....
....
....
....
....
....
....
....
....

Récréation

....
....
....
....
....
....
....
....
....

Notes, à préparer, à photocopier...

Pause méridienne :

....
....
....
....
....
....
....

Récréation

....
....
....
....
....
....
....
....

Devoirs

Conseils, RDV, APC :

Horaires		Notes, à préparer, à photocopier...
	....	
	....	
	....	
	....	
	....	
	....	
	....	
	....	
	....	
	....	
Récréation		
	....	
	....	
	....	
	....	
	....	
	....	
	....	
	....	
	....	
	....	

Pause méridienne :		Devoirs
	....	
	....	
	....	
	....	
	....	
	....	
	....	
Récréation		
	....	
	....	
	....	
	....	
	....	
	....	
	....	

Conseils, RDV, APC :

Conseils de maîtres

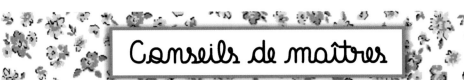

Conseils de maîtres

Date :	Durée :

....
....
....
....
....
....
....
....
....
....
....
....
....
....
....
....
....
....
....
....
....
....
....
....
....

Conseils de maîtres

....
....
....
....
....
....
....
....
....
....
....
....
....
....
....
....
....
....
....
....
....
....
....
....
....
....
....

Conseils de maîtres

Date :

Durée :

....
....
....
....
....
....
....
....
....
....
....
....
....
....
....
....
....
....
....
....
....
....
....
....
....
....
....

Conseils de maîtres

Date :   **Durée :**

....
....
....
....
....
....
....
....
....
....
....
....
....
....
....
....
....
....
....
....
....
....
....
....
....
....
....
....

Conseils de maîtres

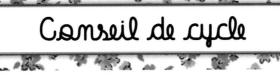

Conseil de cycle

Date :   **Durée :**

Conseil de cycle

Date :

Durée :

....
....
....
....
....
....
....
....
....
....
....
....
....
....
....
....
....
....
....
....
....
....
....
....
....
....
....
....
....
....

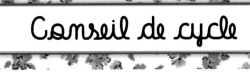

Conseil de cycle

Date :   **Durée :**

....

....

....

....

....

....

....

....

....

....

....

....

....

....

....

....

....

....

....

....

....

....

....

....

....

....

....

....

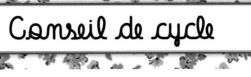

Conseil de cycle

Date :   **Durée :**

....
....
....
....
....
....
....
....
....
....
....
....
....
....
....
....
....
....
....
....
....
....
....
....
....
....
....
....
....
....
....
....

Conseil d'école

Date :   **Durée :**

Conseil d'école

Date : **Durée :**

....
....
....
....
....
....
....
....
....
....
....
....
....
....
....
....
....
....
....
....
....
....
....
....
....
....
....
....
....

Conseil d'école

Date :   **Durée :**

....
....
....
....
....
....
....
....
....
....
....
....
....
....
....
....
....
....
....
....
....
....
....
....
....
....
....
....
....

Animation pédagogique

....
....
....
....
....
....
....
....
....
....
....
....
....
....
....
....
....
....
....
....
....
....
....
....
....
....
....

Animation pédagogique

Date :   Thème :

....
....
....
....
....
....
....
....
....
....
....
....
....
....
....
....
....
....
....
....
....
....
....
....
....
....

Animation pédagogique

....
....
....
....
....
....
....
....
....
....
....
....
....
....
....
....
....
....
....
....
....
....
....
....
....
....
....
....

Animation pédagogique

Date :   Thème :

Notes

Progressions à coller

Progressions à coller

Progressions à
coller

Progressions à coller

Progressions à coller

Progressions à caller

1d6e8e5d-8f01-4975-8e05-5f723b652d30R01